NOTES ARCHÉOLOGIQUES

sur

Corcelles-les-Monts

et le

Mont-Afrique

(COTE-D'OR)

E. BERTRAND -- DIJON

NOTES ARCHÉOLOGIQUES

sur

Corcelles-les-Monts

et le

Mont-Afrique

(COTE-D'OR)

E. BERTRAND ·· DIJON

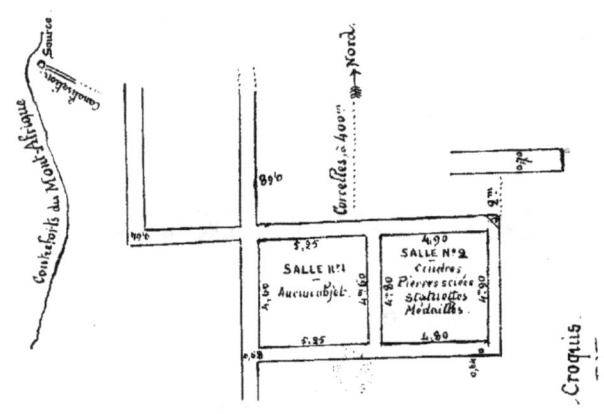

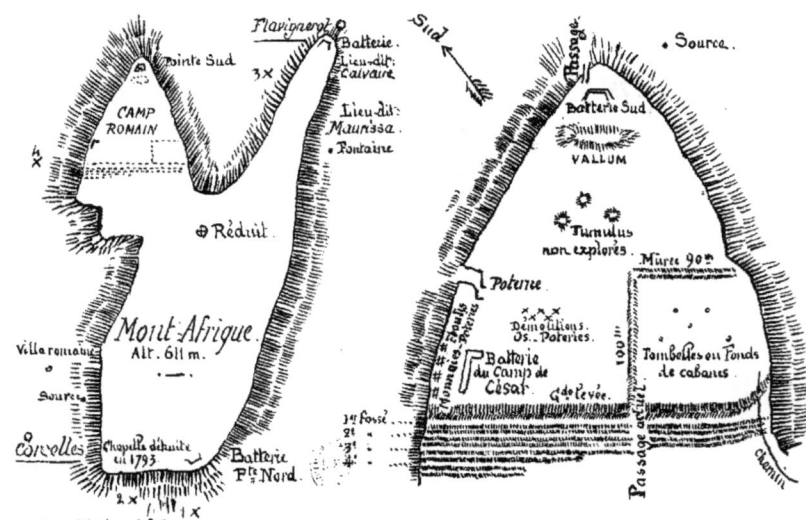

NOTES ARCHÉOLOGIQUES

sur

Corcelles-les-Monts

et le

Mont-Afrique

(COTE-D'OR)

E. BERTRAND ·· DIJON

NOTES

SUR UN

ÉTABLISSEMENT GALLO - ROMAIN

à CORCELLES-LES-MONTS (Côte-d'Or)

Nous devons à l'obligeance de M. Charles Aubry, propriétaire à Corcelles-les-Monts (1) l'autorisation de publier le résultat des fouilles exécutées par lui et son fils Henri dans une assez vaste construction Romaine, dans le cours des années 1899-1900 et 1901.

L'emplacement figure sur le plan cadastral sous le nom de « Groniau » section E 149 et 150. Le plan que nous reproduisons a été relevé par M. Charles Aubry ; nous l'avons complété par l'indication d'une source située à 150 mètres et anciennement captée. Un petit canal de 0 m. 25 de largeur, en pierres sèches, se dirigeait vers les fondations Romaines. Aujourd'hui cette petite source, n'étant plus retenue, se perd naturellement à sa sortie dans un terrain très sablonneux.

Cette construction se trouvait à environ 400 mètres de Corcelles et au sud. Si nous nous plaçons en arrière des

---

(1) *Corticella* diminutif de *Cortis*. *Corte*, ferme.
En 511 le village figurait sous le nom de *Corcellus* et *Villa Corcellis*.
En 910 *in corcelli superiori* (les petites cours supérieures) ; Corcelles-les-Citeaux étant plus bas dans la plaine. Corcelles-les-Arts canton de Beaune, Corcelles en Montvaux commune de Chevigny. Corcelles-sous-Serrigny.
Page 128 de la chronique de Saint-Bénigne nous lisons *in villa Corcellis* vers 960, sous le règne de Lothaire. En 915, sous le règne du roi Robert, même dénomination. Nous lisons également *In fine lingo* — *Vici Villa Corcellis*. Jusqu'à la Révolution Corcelles et Flaviguerot faisaient partie du diocèse de Châlon, tandis que Velars faisait partie du diocèse de Langres.

fondations, face au Nord, nous avons le village en face, puis la ville de Dijon à 9 kilomètres.

A notre gauche et à 100 mètres, les premiers contreforts du Mont Afrique. A notre droite, une vue panoramique extraordinairement belle ; l'immense plaine de Genlis et d'Auxonne se déroule jusqu'aux montagnes du Jura, et au-delà, la chaîne des Alpes.

Corcelles se trouvait sur le territoire des Eduens ainsi que Flavignerot tandis que Velars (côté N. E.) appartenait aux Lingons. Le Mont Afrique était donc la ligne de démarcation des deux peuples. Voisin des Séquanes par la Saône, nous trouvons plus particulièrement dans les monnaies les pièces d'échanges de ces trois peuples.

Ces indications fournies, arrivons aux fouilles. M. Aubry, gêné depuis longtemps pour labourer ses terres, commença par enlever les parties supérieures des murs : les matériaux sortis formaient un volume très respectable. L'enlèvement des terres et des matériaux qui remplissaient la salle n° 1 ne donna lieu à aucune découverte d'objets ni de monnaies. Dans la salle n° 2, parmi l'humus et beaucoup de cendres, ces Messieurs firent une ample moisson de clous, de pièces de fer, de bronze, le tout tordu par le feu, puis des statuettes de bronze, une seule tête en marbre, beaucoup de fragments de jambes, de bras brisés, soit au-dessus du genou, du coude ou du poignet, des monnaies Gauloises, Romaines et beaucoup d'autres objets.

Nous reproduisons seulement les principales pièces (1).

PLANCHE I

Fig. 1. — « **Dispater** ». Une inscription des bords du Rhin le nomme **Sucellus** (2). Son costume est le vrai **Sagum** des Gaulois. Nous retrouvons une statuette analogue au musée de Lyon et une autre au musée de Besançon (3).

Fig. 2. — **Cérès** voilée. Elle devait tenir une torche de la main droite.

Fig. 3. — **Vulcain**. Coiffé d'un bonnet ciselé : le dessin est composé de rayures partant des bords du bonnet

---

(1) (Photographies « grandeur naturelle » exécutées par notre ami et archéologue M. Socley.)

(2) Renseignements de M. Adrien Blanchet, membre de l'Institut, membre du Comité des Travaux Historiques du Ministère de l'Instruction publique.

(3) *Essai sur l'histoire de Franche-Comté* par Edmond Clerc, 1840.

PLANCHE I.

et se réunissant à la pointe. Même costume que le n° 1. On a trouvé contre cette statuette une tige plate en bronze avec gravure en S et sur toute la longueur. Nous ne pensons pas que ce personnage tenait cette tige, car les trous des mains, destinés à recevoir un attribut, sont parfaitement ronds.

PLANCHE II

Fig. 1. — **Bonus Eventus** tenant une patère et une corne d'abondance (1).

Fig. 2. — **Cérès** avec patère et corne d'abondance.

Fig. 3. — **Gaulois.** Personnage portant le Sagum ou Saie; il tient de la main droite un objet indéterminé, peut-être une bourse.

Fig. 4. — **Mercure**, complet.

PLANCHE III.

Fig. 1. — **Tête de Diane** (?), en marbre blanc.

Fig. 2. — **Minerve.** On retrouve une statuette complète, même type au musée de Dijon.

Fig. 3. — **Tête d'Impératrice Romaine** (?), remarquable par sa coiffure. On constate les traces d'une réparation sur le côté gauche. Les oreilles sont percées.

PLANCHE IV.

Fig. 1. — Très beau bras tenant une patère.

Fig. 2. — Avant bras droit d'un Mercure tenant une bourse.

Fig. 3, 4, 5. — Débris de statuettes.

Fig. 6. — **Ocréa** ou **Cnémide.** Très belle pièce méritant une mention spéciale. L'exemplaire est orné d'une tête de Jupiter. On distingue la fine gravure des ailes de chaque côté du foudre. La semelle de la chaussure est en

---

(1) Comparez E. Babelon et A. Blanchet. *Catalogue des bronzes antiques de la Bibliothèque Nationale*, page 276, n° 644.

bronze blanc. Sur le mollet on distingue les deux attaches croisées reliant l'Ocréa à la jambe (1).

Fig. 7. — **Mercure** (jambe ailée de)

PLANCHE V.

Fig. 1. — **Anse de récipient.** Tête de Gaulois probablement. L'emplacement des yeux laisse voir une matière vitrifiée. On ne peut affirmer si le personnage porte un torqués.

Fig. 2. — Lion.

Fig. 3. — Agrafe complète.

Fig. 4. — Sanglier très frustre.

Fig. 5. — Tête d'épingle Gauloise bien connue.

Fig. 6. — Feuille de chêne.

Fig. 7. — Tige bronze complète avec dessin en S, trouvée avec la statuette de Vulcain (fig. 3).

Indépendamment des objets reproduits, nous signalons environ 30 débris de bras, de jambes, un trépied, une clochette de 4 cm. de diamètre, une rouelle, une bague clef, un style, deux pieds de taureau, des clefs et une enseigne gauloise surmontée d'un sanglier dont malheureusement il n'existe plus que les quatre pieds.

Tous ces objets sont en bronze.

Dans les salles, aucune trace de mosaïque, pas de peintures murales, pas d'imbrices, mais des pierres sciées, de 3 cm. d'épaisseur, avec trous carrés qui devaient servir à les fixer sur la charpente.

PLANCHE VI.

Monnaies Gauloises et Médaillon de Constantin II

N° 1. — Quart de statère, or bas, imitation du Statère Macédonien.

---

(1) M. A. Changarnier, conservateur du musée de Beaune, possède une jambe de bronze, munie d'une sandale : ex-voto certain, car il ne porte pas les traces de cassure comme nos exemplaires.

PLANCHE II.

N° 2. — Bronze coulé. (**Traité des monnaies Gauloises** de M. A. Blanchet, fig. 102.)

N° 3. — Bronze coulé. (Traité des monnaies Gauloises, fig. 105.)

N° 4. — — (Ibid. fig. 105.)

N° 5. — — (— fig. 403.)

N° 6. — — (— fig. 396.)

N° 7. — Bronze coulé. **Lingonne Oγin-Dia**, planche III, 12.

N° 8. — Bronze coulé. **Ekpito**, fig. 398.

N° 9. — **Col-Nem**. — En tout 9 Gauloises.

N° 10. — **Constantin II** (317-340). Médaillon argent, diamètre 0.34, poids 13 grammes, trouvé sous la pierre d'angle et dans le mortier de la salle n° 2 (endroit marqué O).

Face : Tête à droite et Augustus.

Revers : Couronne de laurier réunie par des attaches, au centre CAESAR, au-dessous marque monétaire A. Q. (Aquilée).

Ce médaillon, placé intentionnellement lors de l'érection du monument, nous donne approximativement la date de la construction.

Nous retrouvons à peu près ce médaillon dans le catalogue de vente de la collection Montagu (monnaies romaines, n° 854).

INVENTAIRE DES MONNAIES ROMAINES DE LA SALLE N° 2

	MÉTAL	RÈGNES		NOMBRES
Consulaire de la famille Lucrétia :	Argent		Avers : Tête radiée du soleil à droite	1
Auguste	M. B.	29-14	Revers : Croissant et sept étoiles	3
id.	Denier argent	id.		1
Claude	M. B.	41-54		3
NÉRON	id.	54-68		1
Vespasien	id.	69-79		2
NERVA	id.	96-98		2
ANTONIN-LE-PIEUX	G. B.	138-161		8
Faustine femme d'Antonin	G. B.			2
Marc-Aurèle	G. B.	161-179		5
Faustine femme de Marc	G. B.			3
Septime Sévère	Denier argent	190-211		1
Alexandre Sévère	M. B.	222-235		1
Gordien III	Double denier	238-243		1
id.	M. B.			1
Postume	M. B.	258-267		62
Constantin-le-Grand	Petits bronzes	306-332		133
Ville de Constantinople	id.			38
Ville de Rome	id.			5
Licinius	id.	307-323		2
Crispus	id.	317-326		28
Constantin II junior 1ᵉʳ fils	id.	337-340		7
Heléna 1ʳᵉ femme de Constance Chlore	id.	305-306		4
Theodora 2ᵉ femme de Constance Chlore	id.			68
Constant Iᵉʳ 3ᵉ fils de Constantin-le-Grand	id.	337-350		27
Constans II 2ᵉ — — —	id.	323-361		2
Magnence	id.	350-353		3
Julien II	id.	361-363		2
Valens	id.	364-378		3
Valentinien	id.	364-375		3
Gratien	id.	375-383		
ARCADIUS	id.	395-408	TOTAL des monnaies classables.	425

A part le médaillon de Constantin II, nous ne trouvons rien de rare dans les monnaies, mais la série en est intéressante ; elle nous permet les réflexions suivantes :

Le médaillon nous donne la date approximative de l'érection de la construction, entre 317 et 337.

L'établissement a probablement été détruit dans le cours du 5e siècle, la monnaie la plus récente étant celle d'Arcadius 395-408.

Il est assez surprenant de constater que des quantités d'objets, de statuettes, de débris et de monnaies se trouvaient uniquement dans la salle n° 2, soit dans une pièce de 4 m. 90 sur 4 m. 80.

Nous croyons qu'il n'est pas inutile d'insister auprès de Messieurs Aubry afin qu'ils reprennent les fouilles si heureusement commencées. Nous pensons aussi qu'en suivant la canalisation, la distribution de l'eau serait curieuse à observer.

Nous espérons que d'autres découvertes permettront de classer cet établissement.

M. Charles Aubry possède un débris de panse d'amphore de grande dimension, trouvé sur le territoire de la commune ; ce débris porte un graffite en deux lignes :

ZOSIM \
ERENN } lettres de 0.03 à 0.06 cm.

nom incomplet en raison du bris de l'objet. M. Changarnier, Conservateur du musée de Beaune, lauréat de l'Institut, pense qu'il faut lire : SOSIMILOS-HERENNIUS Corpus C. I. L. VII - 1336-1088 Londres.

PLANCHE III.

MONT-AFRIQUE

(Altitude 611 mètres)

(Notes parues jusqu'à ce jour)

Nous lisons dans la Revue Préhistorique de l'Est sous la signature de M. Clément Drioton, Conservateur du Musée archéologique de Dijon, 1re année, n° 1, page 5 : Fouille du 20 Septembre 1918, exécutée à 60 mètres de l'extrémité Ouest de la grande levée de 350 mètres à 1 m. 40 au-dessous de la crête, les ouvriers mettent à découvert un noyau de chaux de 0 m. 70 seulement de diamètre, à la base duquel sont disséminés de nombreux morceaux de charbon ; tout autour et dans un rayon variant de 0.50 à 2 mètres, les pierres ont été fortement rougies par l'action du feu intense, tandis que dans les autres parties de la levée elles ont conservé la couleur gris jaunâtre de la roche naturelle.

Les fouilles ont été continuées les 7, 20 et 21 octobre 1898, 10, 12 novembre 1898.

Sous la signature du même auteur, Commission des Antiquités de la Côte-d'Or, Séance du 15 novembre 1899. XIII, p. CLXXXVX : Découverte d'une station néolithique à la pointe Nord du Mont-Afrique.

Séance du 16 novembre 1899, XIII p. CXCIII : Découverte de Sépultures Barbares à la pointe Sud-Est du Mont-Afrique.

Séance du 15 juillet 1903, XIV p. CXXVI, M. Drioton, présente de la part de M. Aubry, une conduite d'eau en bois découverte lieu dit le Creux Bernot.

M. Aubry Desvigne, associé correspondant a offert à la Commission le dessin d'une pierre moulurée portant l'inscription :

...NAVIT MAVRUSIO

dont la première lettre N n'est pas complète ; en effet il faut évidemment restituer (DO) NAVIT. Ce fragment de pierre blanche 0.17 de longueur sur 0.15 de hauteur a été trouvé par M. JOURDAIN dans le camp antique sur la pente orientale du Mont Afrique au mois de décembre 1908, et donné par lui au musée de la Commission. C'est probablement un débris de piédestal d'une statue, l'inscription constate une donation faite par un Gallo-Romain nommé Maurusio. A la séance de la Société des Antiquaires de France du 24 février 1909, M. HÉRON DE VILLEFOSSE, a qui avait été envoyé une photographie de l'inscription, a fait connaître que MAVRVSIVS est un dérivé déjà relevé de MAVRUS.

Séances des 1er février et 15 février 1909.

M. C. A. XV. p. CLV.   Mont Afrique. Le Groniot.

M. Drioton, associé résidant, a présenté un moule en pierre calcaire trouvé par M. Ch. Aubry sur le flanc du Mont-Afrique, entre Corcelles et le camp de César. lieu dit le Groniot, et le cateau de Pau.

Ce moule mesure 0.084 de longueur,
 0.050 de largeur,
 0.020 d'épaisseur,
il était destiné à couler des pointes en bronze de 0.072 de longueur, de forme cylindro-conique, des pointes de flèche probablement. D'autres fragments de moule, une statuette en bronze, des monnaies Gauloises et Romaines ont été recueillies au même endroit. (Séance du 2 juin 1898).

M. C. A. XIII p. CXXIV.

M. Drioton, membre titulaire, a présenté à la Commission, au nom de M. Aubry Desvignes, deux statuettes en bronze, un mercure nu et un personnage coiffé d'un bonnet pointu et vêtu d'une tunique...

Ces deux statuettes ont été trouvées par M. Ch. Aubry dans les substructions Gallo-Romaines sur le territoire de la commune de Corcelles-les-Monts, canton de Dijon-Ouest, au lieu dit le Groniot. (Séance du 15 janvier 1908).

M. C. A. XV p. CXV.

M. Fourier, associé résidant, a signalé la découverte au Mont-Afrique, dans un édicule fouillé par M. Ch. Aubry de Corcelles-les-Monts, d'un certain nombre de statuettes en bronze et de monnaies Romaines. (Séance du 15 mai 1899). XIII p. CLXXIII.

M. Fourier a présenté à la Commission cinq statuettes, une tête de statuette en bronze et un médaillon en argent d'Auguste (1) appartenant à M. Ch. Aubry. Ces différents objets ont été trouvés sur la pente Sud-Ouest du Mont-

---

(1) Ce médaillon est en réalité de Constantin II.

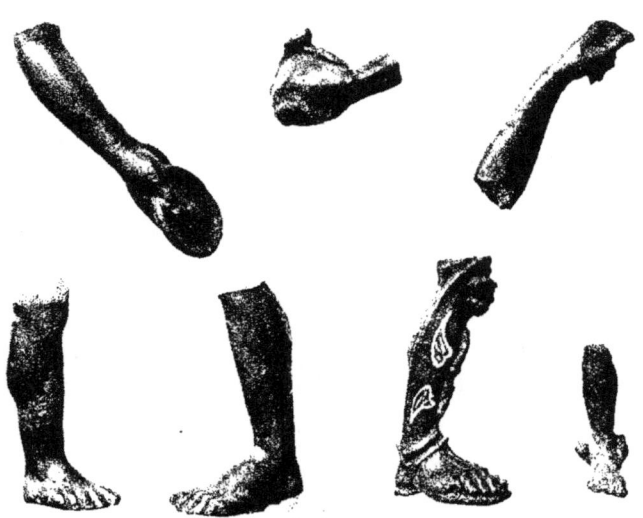

PLANCHE IV.

PLANCHE V.

Afrique, lieu dit le Groniot. Les quatre statuettes proviennent des fouilles exécutées par M Ch. Aubry dans l'intérieur d'un petit bâtiment de 6 m. sur 6 m. 50. Les fouilles ont donné en outre différents fragments de statuettes, des médailles Romaines, des débris de fer, de poteries, de pierres blanches sciées, de marbre, etc. (Séance du 15 janvier 1900.

M. C. A. XIII p. CLXXXIX.

Ces statuettes ont été photographiées par M l'Abbé Camuzat, associé résidant, et les épreuves déposées dans les archives de la Commission.

M. C. A. XIII p. CCXXV.

En ce qui concerne ces fossés creusés en avant de la grande jetée, M. Drioton nous prie d'indiquer comme particularité n'ayant pas encore été observée dans le retranchement du Mont-Afrique :

1º La verticalité de la paroi extérieure du retranchement. Le parement en moellons non équarris est encore visible à certains endroits sur une hauteur de 1.20;

2º La présence d'un double fossé à section triangulaire ou plutôt trapézoïdale situé en avant du fossé principal qui précède le retranchement. La largeur des fossés est de 1.80.

Nous complétons ces renseignements par l'établissement d'un plan à peu près exact, tout au moins en ce qui concerne la partie vraiment intéressante : le camp de César ou Chatelet. Pointe Sud.

Ces notes ont été prises sur place en compagnie de notre ami M. Jourdain, gardien de batterie actuel du Mont-Afrique.

Le camp de César forme un triangle d'environ 350 m. de côté. Les parties Sud-Est et Ouest sont fortifiées naturellement par des rochers à pic.

La partie vulnérable, côté Nord, a été fortifiée : 1º par l'établissement d'un mur en pierres sèches de 350 m. de long et de 3 m. 20 de hauteur; 2º par 4 fossés distants d'une dizaine de mètres, dont deux semblent ne jamais avoir été terminés.

Nous pensons ne pas faire d'erreurs en indiquant les emplacements des cabanes gauloises; elles étaient disséminées dans l'enceinte, mais elles étaient aussi adossées aux Rochers et notamment contre la batterie du camp de César Nord-Est. Dans cet endroit, les éboulis sont très importants; il n'y a qu'à se baisser pour recueillir des fragments de poterie nettement gauloise et aussi de nombreuses tuiles à rebord (aucune avec inscription jusqu'à ce jour). M. Jourdain a fait des recherches très méticuleuses dans ces décombres calcinés et sur quelques mètres carrés de nombreux objets et monnaies ont été recueillis :

Objets.

1° Un couteau en fer avec manche en bronze sans dessin ;
2° Deux clefs gauloises en fer ;
3° Une clef romaine en fer ;
4° Grains de colliers en poterie, bronze et verre ;
5° Une clochette en bronze de 1 centimètre 1/2 de diamètre ;
6° Un très beau bracelet rond en bronze ciselé, dont les pointes de fermeture représentent des têtes de serpent ;
7° Une bague bronze uniforme ;
8° Une bague bronze avec cristal de roche formant chaton.

Monnaies Gauloises.

Elles sont au nombre de 67, classées d'après le traité des monnaies Gauloises de M. A. Blanchet.

1.	Bronze coulé, fig. 112.	1
2.	id. fig. 106.	7
3.	Quinaire argent, fig. 424.	2
4.	Bronzes coulés, série DOCI anepigraphe.	2
5.	Bronzes coulés, série Quintus SAM anepigraphe.	11
6.	Bronzes coulés, fig. 103.	3
7.	Bronzes coulés, fig. 105.	10
8.	Bronze OYIN-DIA pl. III, fig. 12 (lecture complète)	2
9.	Bronze OYIN-DIA (3 types dégénérés)	3
10.	Bronze aux 3 défenses, fig. 396 (étamées)	18
11.	Turonnes, fig. 115.	1
12.	id. fig. 114.	4
13.	Carnute, anepigraphe de TASCETIOS.	1
14.	Argent, série KAL, fig. 417.	1
15.	Argent, variété de la précédente croix sur le cheval et rouelle en dessous.	1
	Total	67

Monnaies Romaines.

Cent quarante-huit sont classées : moyens bronzes d'Auguste, de Neron et de Claudius.

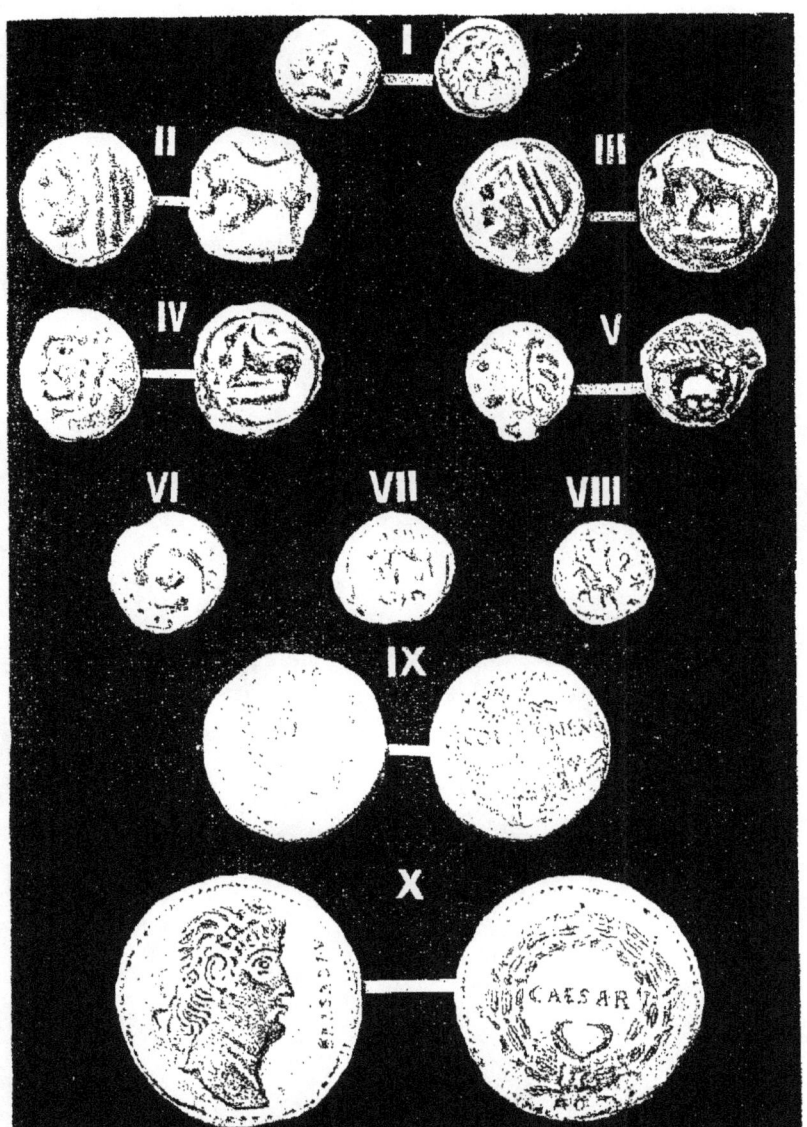

PLANCHE VI.

Petits bronzes de Constantin-le-Grand, Ville de Rome, Ville de Constantinople, Licinius, Crispus, Constantin II junior, Constantin Ier, Constance II, Magnenu, Julien II, Valens, Valentinien, Théodose, Dioclétien-Gratien, Maximinianus. Cette série se termine également par ARCADIUS-395-408.

Une centaine de bronzes frustres.

C'est également contre cette batterie que fut trouvé, par M. Jourdain, le fragment de monument sur pierre portant l'inscription (DON) AVITMAVRVSIO, pierre de 0 m. 17 de longueur et dont les lettres ne dépassent pas 0 m. 012. (Monument conservé au musée de Dijon).

Lors de notre dernier séjour au Mont-Afrique, nous avons appris que le lieu dit « en Maurissa » situé en dessous du « Calvaire » pointe Sud-Ouest, est toujours connu des habitants Cette dénomination perpétuée à travers les siècles est curieuse. On peut admettre que le Gaulois Maurusio était un propriétaire des environs.

Nous pensons que l'entrée du camp était la poterne côté Est, rocher admirablement aménagé pour la défense, largeur de la faille 10 m. extérieurement, pour venir en pente douce dans l'intérieur de l'enceinte par une excavation de 2 m. 30 de largeur seulement. (Voir le plan).

A la pointe Sud se trouve un bloc énorme de rocher. En avant de la batterie on remarque une fissure naturelle mais organisée pour la descente en plaine, elle a de 0 à 7 m. de profondeur et 0 m 50 de largeur, passage suffisant pour une personne. Une source se trouve à 150 m. environ. Le ravitaillement par eau se faisait certainement de ce côté. La défense naturelle de cette partie du camp est formidable et impressionnante, les rochers sont à pic et le petit village de Flavignerot semble à nos pieds une toute petite chose au milieu de cette masse de rochers.

La voie romaine 16 *bis* passe en bas (Dijon-Autun).

En arrière de la pointe Sud se trouve un vallum ou fortification en ellipse.

A la base du camp on remarque une enceinte de 90 mètres de longueur sur 100 mètres de largeur environ dont la base vient s'appuyer au Nord sur la grande levée et ayant une sortie sur le vieux chemin de FLAVINIACUM.

Entre ce camp et le VALLUM se trouvent trois tumulus non explorés.

Nous pensons aussi que ces quelques notes seront complétées par la publication d'autres trouvailles ultérieures qui paraissent certaines. En effet, les surfaces explorées sont insignifiantes et le champ de fouille du Mont-Afrique (1) semble illimité.

Dijon, Janvier 1919.   E. BERTRAND.

---

(1) A propos de la dénomination MONT-AFRIQUE, nous lisons dans les *Bulletins de l'Académie des Inscriptions et Belles-Lettres* (T. xii, p. 231), que, sur le Mont Vimer, à trois lieues de Châlons-sur-Marne, s'était retiré un chef de Brigands et ses Manichéens chassés d'Afrique.

Encore un autre renseignement tiré d'une publication italienne où se trouve un plan de Dijon et ses environs : *Héroico splendore del cita del mondo* (Rome, 1642), de JACQUES LAURI, nous lisons : « MONTE DI FRITTO VECCHIO CASTELLO DOU SE RIPOSA ANNIBALE CARTHAGINÈSE. »

www.ingramcontent.com/pod-product-compliance
Lightning Source LLC
Chambersburg PA
CBHW060544050426
42451CB00011B/1806